CATON D'UTIQUE,

TRAGÉDIE.

DE L'IMPRIMERIE DE FAIN, PLACE DE L'ODÉON.

CATON D'UTIQUE,

TRAGÉDIE EN TROIS ACTES,

IMITÉE DE L'ANGLAIS;

Par Ed. MENNECHET.

A PARIS,
Chez DELAUNAY, libraire au Palais-Royal, Galerie de bois, n°. 243.

1815.

PERSONNAGES.

CATON.
LUCIUS, Sénateur.
SEMPRONIUS, Sénateur.
JUBA, Roi de Numidie.
PORCIUS, Fils de Caton.
SYPHAX, Général des Numides.
DÉCIUS, Envoyé de César.
MARCIA, Fille de Caton.
FULVIE, Confidente de Marcia.
SÉNATEURS.

La Scène est à Utique, dans le Palais du Gouverneur.

A MONSIEUR

LE DUC DE DURAS,

PAIR DE FRANCE, PREMIER GENTILHOMME DE LA CHAMBRE DU ROI, etc.

MONSIEUR LE DUC,

C'EST l'hommage de la reconnaissance que je vous prie d'agréer. Il m'est bien doux d'en renouveler ici publiquement l'expression au moment où vous semblez m'assurer votre bienveillance particulière, en acceptant la Dédicace de mon premier ouvrage. Qu'il est flatteur! qu'il est encourageant pour moi, le généreux appui que vous voulez bien me promettre ! Et combien je dois redoubler d'efforts pour m'en rendre digne ! Oui, Monsieur le Duc, si j'avais le malheur d'oublier vos bontés, si je cessais de les mériter, que tout le pouvoir qui dut me protéger m'abandonne à l'instant ! Mais si, toujours fidèle à ces principes d'honneur et de droiture, dont vous offrez le plus noble modèle, ma vie entière est consacrée au bien de mon Roi et de mon pays ; si toujours ma mère trouve en moi la douce récompense de ses soins, j'oserai espérer que vous ne me refuserez pas de me continuer ces bontés, qui font, en ce moment, ma gloire et mon bonheur.

Je suis avec un profond respect,

MONSIEUR LE DUC,

Votre très-humble et
dévoué serviteur,
ED. MENNECHET.

CATON D'UTIQUE.

ACTE PREMIER.

SCÈNE PREMIÈRE.

SEMPRONIUS, SYPHAX.

SEMPRONIUS.

Eh bien, Syphax?

SYPHAX.

Seigneur, j'ai vu tous mes soldats;
Je les ai disposés à marcher sur vos pas.
Caton par ses rigueurs irritait les Numides:
J'ai parlé; tous sont prêts à nous prendre pour guides.

SEMPRONIUS.

Hâtons-nous; profitons de cet heureux moment.
Déjà notre vainqueur s'avance menaçant.
Tu ne le connais pas, cet ennemi terrible,
Qui toujours combattant est toujours invincible;
Ce César, qu'en ces lieux la vengeance conduit:
Caton, pour échapper au bras qui le poursuit,
Après les longs efforts d'un courage inutile,
Vainement dans ces murs croit trouver un asile.
Rien n'arrête César quand il vole aux combats.
Les Alpes qu'il franchit s'abaissent sous ses pas;

L'océan n'a pour lui ni rocher, ni tempête,
Et la foudre des cieux gronde en vain sur sa tête.
Il arrive, Syphax ; et devant ces remparts
Déjà tu vois flotter ses sanglans étendards.
Un jour de plus, ami, nous avons tous un maître.
Échappons aux projets que sa haine a fait naître :
Nous pouvons obtenir un généreux pardon;
Moi, pour le mériter, je lui livre Caton.
Mais as-tu de Juba vaincu la résistance?
La faveur de César serait ta récompense.
Doit-il nous seconder?

SYPHAX.

Seigneur, j'ai peu d'espoir.
En vain son intérêt s'oppose à son devoir :
Caton est maintenant le seul dieu qu'il adore.
Mais je veux l'éprouver et le presser encore :
Je crains que mes discours ne puissent le toucher.

SEMPRONIUS.

Flatte, promets, menace, et, pour nous l'attacher,
Dis-lui que, par sa fuite et la mort de son père
César a sous ses lois la Numidie entière ;
Que son peuple est soumis, que son trône est perdu ;
Que, s'il veut nous servir, tout lui sera rendu.
Tu l'aimes; songe enfin qu'il y va de sa vie :
C'est à toi de sauver ton prince et ta patrie.

SYPHAX.

Le sénat en ces lieux doit bientôt s'assembler :
Surtout, devant Caton craignez de vous troubler.

SEMPRONIUS.

Repose-toi sur moi du soin de me contraindre :
Des lenteurs des Romains on m'entendra me plaindre.
Ma haine pour César, mon amour pour l'état,
Tromperont aisément Caton et le sénat.
Toi, tu verras Juba ; son cœur est sans défense.
De là, vole aux soldats, enflamme leur vengeance.
Point de retard surtout. Dans ce jour de terreur,
Tous les momens, ami, sont pour nous pleins d'horreur.
Chaque mot que prononce une bouche insensée,
La mort le suit : tout nuit, tout, même la pensée,
Jusqu'au moment terrible où le grand coup porté
Fait naître du danger notre sécurité.

SCÈNE II.

SEMPRONIUS.

INFLEXIBLE Caton, enfin tu vas connaître
Quelle haine en mon sein un outrage fait naître.
En refusant ta fille aux vœux que je formais,
Pensais-tu que mon cœur te pardonnât jamais ?
Non : dès ce même jour ta perte fut jurée ;
Maintenant, grâce au ciel, je la vois assurée.
Eh! que pouvais-je attendre en m'unissant à toi ?
Le courroux de César fût retombé sur moi.
Soyons tout à César ; ma récompense est prête.
Si je trahis Caton, sa fille est ma conquête.
On vient : dieux! c'est son fils!...

SCÈNE III.

SEMPRONIUS, PORCIUS.

PORCIUS.

BRAVE ami de Caton,
Dont la noble valeur a mérité ce nom,
On n'en peut plus douter : notre chute est certaine :
Ce jour est le dernier de la grandeur romaine.

SEMPRONIUS.

Ton père en ce palais ce matin doit venir ;
Les débris du sénat viennent s'y réunir.
Ils verront si l'état à ce nouvel orage
Doit encore, avec gloire, opposer son courage ;
Ou s'il faut de César reconnaître les lois.
Caton est parmi nous, il défendra nos droits :
Seul, il peut soutenir la majesté de Rome ;
Le rempart le plus sûr, c'est le nom d'un grand homme.

PORCIUS.

Qui le sait mieux que moi? Mais, que peut sa vertu
Sur un peuple avili, par la crainte abattu?
Ce sont des Africains, c'est un peuple sauvage,
Qui seul nous donne encor l'exemple du courage.
Sans lui, sans son secours, peut-être nos Romains
Aux fers de l'oppresseur iraient tendre leurs mains ;
Et, trahissant Caton, la gloire et la patrie,
Payer de leur honneur l'esclavage et la vie !

Caton, de tes efforts voilà donc le succès!
Quand je vois de César les coupables projets,
La fureur me transporte et ma raison s'égare;
Chaque fois que j'entends le nom de ce barbare,
Pharsale offre à mes yeux ses champs couverts de morts.
Là, de nos citoyens César foulant les corps,
Contemple avec orgueil cet horrible carnage;
Et, poussant au travers ses coursiers pleins de rage,
Du sang patricien souille leurs pieds fumans!
Quoi! n'est-il point de dieux pour punir les tyrans!
Quoi! du crime vainqueur le triomphe est paisible!
Arme, grand Jupiter, ta colère inflexible!
Frappe l'ambitieux, dont l'aveugle fureur
Des maux de son pays fait sa propre grandeur!

SEMPRONIUS.

Crois-moi, cher Porcius, cette grandeur funeste
Ne m'a jamais séduit, et mon cœur la déteste.
La vertu de Caton, malgré ses longs revers,
Luit d'un éclat plus pur aux yeux de l'univers.
Ferme comme le roc, dont l'orgueilleuse tête
Demeure inébranlable aux coups de la tempête,
Caton, que les dangers jamais n'ont pu troubler,
Voit la mort qui s'approche et la voit sans trembler.
Quelle gloire pour moi s'il devenait mon père!
Si ta sœur à mes vœux se montrait moins contraire,
J'oublîrais, je le sens, tous nos malheurs passés.

PORCIUS.

Quoi! lorsque de Caton les jours sont menacés,
Vous parlerez d'amour à sa fille tremblante!
Lorsque, pâle d'effroi, la vestale expirante

De son autel sacré voît s'éteindre les feux,
Vous irez la presser de répondre à vos vœux !
Non, cher ami : l'honneur veut une autre victoire :
Sauver Rome et Caton est notre seule gloire ;
Et, lorsque les dangers semblent s'appesantir,
L'ardent Sempronius ne peut se démentir.
Tandis que le sénat va prendre un parti sage,
Je vais de nos Romains ranimer le courage ;
Je ferai retentir dans leur cœur agité
La voix de la patrie et de la liberté.
Pour éviter le joug dont César nous menace,
Du moins par notre exemple excitons leur audace ;
Si la victoire encor échappe de nos mains,
Ils apprendront de nous à mourir en Romains.

(Il sort.)

SEMPRONIUS.

Cours, insensé ! ta perte en sera plus certaine,
Et tu voudrais en vain échapper à ma haine.

SCÈNE IV.

CATON, LUCIUS, SEMPRONIUS, SÉNATEURS.

CATON.

César approche, amis : il faut nous décider.
Devons-nous le combattre ou devons-nous céder ?
Mais que peut contre lui l'ardeur qui vous anime ?
La victoire s'attache aux étendards du crime.
Rome est à lui : l'Égypte est soumise à ses loix :
Et le Nil orgueilleux obéit à sa voix.

Dirai-je sur Juba ses nombreuses conquêtes;
Scipion par la mort expiant ses défaites;
La Numidie enfin teinte de notre sang?
Que faire? qu'opposer à ce fougueux torrent?
Notre ennemi s'avance, et même il nous envie
Les arides déserts de l'ardente Libye.
Dans ce moment, amis, armez-vous de valeur:
Plus les dangers sont grands, plus grand sera l'honneur!
Parlez, Sempronius.

SEMPRONIUS.

Ma voix est pour la guerre!
Quoi! sur un tel sujet le sénat délibère!
Au pardon de César irons-nous recourir,
Quand nous sommes Romains, quand nous pouvons mourir?
Attaquons le tyran: il ne peut nous attendre:
En vain ses légions prétendraient le défendre.
Un bras, un bras suffit, avec l'aide des dieux,
Pour sauver les Romains de son joug odieux,
Et rendre à l'univers sa liberté ravie.
Aux armes, sénateurs! marchons pour la patrie!
De nos concitoyens courons venger la mort!
Montrons-nous dignes d'eux en partageant leur sort!
Le ciel à leur valeur refusa la victoire:
Eh bien! leur dévoûment en a-t-il moins de gloire?
Rappelons à nos cœurs ces exemples fameux;
Si nous ne pouvons vaincre, au moins mourons comme eux!
L'esclavage à nos yeux aurait-il donc des charmes?
Les mânes des Romains nous appellent aux armes:
L'ombre du grand Pompée accuse nos lenteurs,
Et Scipion en nous réclame des vengeurs!

CATON.

Calmez, Sempronius, l'ardeur qui vous égare :
Ce n'est point par des cris qu'un héros se déclare.
La valeur doit toujours briller par des exploits
Qu'ordonne la vertu, qu'autorisent les lois.
Mais ces braves soldats armés pour la patrie,
Nous sont-ils confiés pour prodiguer leur vie ?
L'espoir de Rome encor repose dans leurs mains :
Pour haïr les tyrans, gardons quelques Romains !

LUCIUS.

J'aime en Sempronius cette invincible haine
Que l'esclavage inspire à son âme romaine.
Cependant, sénateurs, ma voix est pour la paix.
Voyez de nos combats les douloureux effets :
Vingt peuples de leur sang ont abreuvé la terre.
Ah ! pourquoi prolonger les malheurs de la guerre ?
Quoi ! n'entendez-vous pas, sur ce globe agité,
De nos dissensions gémir l'humanité !
Elle appelle sur nous les vengeances célestes.
Ouvrez les yeux, Romains, à ces revers funestes :
De nos dieux irrités reconnaissez les coups.
Aux ordres du destin, amis, soumettons-nous.
Ce n'est point pour semer en tous lieux les alarmes,
C'est pour la liberté que nous prîmes les armes.
Nous n'avons plus d'espoir : d'inutiles combats
Des chaînes de César ne la sauveraient pas.
Rendrons-nous par le sang notre chute fameuse ?
Ah ! laissons aux tyrans cette pensée affreuse !
Si Rome doit périr sous des coups trop puissans,
Les dieux en sont témoins, nous sommes innocens.

SEMPRONIUS, bas à Caton.

Cet étrange discours cache une perfidie :
Celui qui craint la mort peut trahir sa patrie

CATON.

Si la témérité peut nuire à nos desseins,
La faiblesse surtout doit perdre les Romains.
Si l'on est imprudent étant trop intrépide,
La crainte en un conseil n'appartient qu'au perfide.
Quant à moi, sénateurs, je ne puis concevoir
Que nous soyons réduits à perdre tout espoir.
Nous sommes entourés de remparts formidables
Défendus par les bras de soldats indomptables.
Que ne pourront-ils point pour sauver leur pays?
Les Numides altiers, aux combats aguerris,
A la voix de leur prince iront à sa défense.
Tant que nous verrons luire un rayon d'espérance,
N'offensons pas les Dieux par d'injustes clameurs!
Avant de nous soumettre, attendons les vainqueurs.
Trop tôt d'un conquérant nous sentirons la chaîne.
Pourquoi précipiter notre chute prochaine?
Soyons libres encore: un jour de liberté
Ne peut par des Romains être trop acheté.

SCÈNE V.

LES PRÉCÉDENS, PORCIUS.

PORCIUS.

SÉNATEURS, de César un député s'avance :
Décius de Caton sollicite audience.

CATON.

Permettez, sénateurs, qu'on l'amène en ces lieux.
Décius autrefois était cher à mes yeux : (*Porcius sort.*)
Mais depuis que César asservit sa patrie,
Au tyran des Romains il a vendu sa vie.
Ecoutons, sénateurs, ce qu'il peut demander :
Les offres de César pourront nous décider.

SCÈNE VI.

LE SÉNAT, DÉCIUS.

DÉCIUS.

CHARGÉ pour Caton seul d'un important message,
Je venais de César lui présenter l'hommage.....

CATON.

Il n'est point de secrets entre Caton et toi :
Parle, tout le sénat te répondra pour moi.

DÉCIUS.

Écoutez-moi, Caton ; César voit avec peine
Les maux où vous expose une défense vaine.
Il connaît vos exploits, il voudrait vous sauver.

CATON.

Qu'il conserve l'état, s'il veut me conserver.
Décius, votre chef devrait mieux me connaître :
Je méprise des jours dont César est le maître.

DÉCIUS.

César commande à Rome, et vous êtes vaincus :
Le sénat est détruit; vos consuls ne sont plus.
S'ils ont pu quelque temps arrêter nos conquêtes,
Notre glaive vengeur a fait tomber leurs têtes.
Par quels motifs, Caton, refuser nos faveurs?

CATON.

Peux-tu le demander en voyant nos malheurs?
Ce sont vos attentats; c'est la patrie en cendre!

DÉCIUS.

Je vous parle en ami, consentez à m'entendre.
La tempête sur vous va bientôt éclater:
Prévenez-en les coups: vous pouvez l'éviter.
A de nouveaux honneurs le destin vous appelle.
César, par moi, vous offre une paix éternelle:
Rome, enfin, échappée à des maux trop certains,
Verra bientôt en vous le second des Romains.

CATON.

Décius, les honneurs ne peuvent me séduire.

DÉCIUS.

César voit vos vertus et César les admire.
Pour cimenter les nœuds qu'il consent à former,
De vos conditions vous devez l'informer:
Qu'exigez-vous de lui?

CATON.

Qu'il rende à sa patrie
Le premier de ses biens, sa liberté chérie;
Qu'il cesse de prétendre au pouvoir souverain:
Le sénat, à ce prix, le reçoit dans son sein.

DÉCIUS.

Vous parlez en vainqueur, et ce hardi langage....

CATON.

Est celui d'un Romain que sa clémence outrage.

DÉCIUS.

Qu'est-ce donc qu'un Romain par César abattu ?

CATON.

Il est plus que César, s'il aime la vertu.

DÉCIUS.

Réfléchissez, Caton ; vous êtes dans Utique
Chef des tristes débris de votre république :
Rome, toute à César, n'entend plus votre voix,
Et votre orgueil en vain veut lui donner des loix.

CATON.

Songe aussi, Décius, au tyran dont la haine
Poursuit encore en nous la liberté romaine,
Et frappe sa patrie en ses derniers enfans.
Hélas! tes yeux séduits par des succès constans,
Contemplent en César une bien fausse gloire.
Vois-le sans tout l'éclat que donne la victoire :
Tu ne trouveras plus que meurtres, attentats,
Tous les crimes enfin qui font les scélérats.
Je ne suis à tes yeux qu'un soldat misérable,
Que frappent tous les maux et que le sort accable ;
Mais, j'atteste les Dieux! je frémirais d'horreur
Si, par de tels exploits, j'eusse acquis ma grandeur!

DÉCIUS.

Voilà donc ta réponse ?

CATON.

Oui; retourne à ton maître.
Libre jusqu'à ce jour, je saurai toujours l'être.
Qu'il garde ses faveurs, ses dons iujurieux :
Je brave les ty.ans; je ne crains que les Dieux.
S'il veut faire éclater la grandeur de son âme,
Caton, pour ses amis, sans rougir la réclame.
D'un pouvoir usurpé qu'il leur donne l'appui,
Et sauve des Romains qui valent mieux que lui!

DÉCIUS.

Oubliez-vous, Caton, que la seule clémence
Suspend sur votre tête une juste vengeance?
Que je puis.... Mais c'est trop essuyer vos dédains:
N'accusez que vous seul du malheur des Romains.
Adieu!

SCÈNE VII.

LE SÉNAT.

SEMPRONIUS.

Nous admirons ton immortel génie,
Caton, et tes discours sont ceux de la patrie.
César, s'il t'entendait, tressaillirait d'effroi;
Son front victorieux pâlirait devant toi.

LUCIUS.

Ah! comment t'exprimer notre reconnaissance?
Ne peux-tu nous sauver sans braver sa puissance?

SEMPRONIUS.

Nous sauver! Lucius craindrait-il de mourir,
Quand un si bel exemple à nos yeux vient s'offrir ?
Nous sauver! Eh! quel droit avons-nous à la vie,
Lorsque la liberté peut nous être ravie ?
Dieux! au sein de César guidez mon fer sanglant;
Qu'il tombe sous mes coups, et je mourrai content!
A qui frappe un tyran, la mort est toujours belle.

LUCIUS.

On peut servir l'état avec autant de zèle,
Sans laisser éclater un si bouillant courroux.

SEMPRONIUS.

Non, de la liberté vous n'êtes point jaloux;
Vos timides avis sont ceux d'un vil esclave :
Il peut craindre la mort, mais un Romain la brave.

CATON.

Cessez, Sempronius, de coupables transports:
Pour le salut de Rome unissons nos efforts.
Sénateurs, il est temps qu'enfin l'on se décide.

(On va aux voix.)

LUCIUS.

Tout le sénat, Caton, prend ton conseil pour guide.

CATCN.

Sénateurs, j'aime à voir cette noble fierté.
Le germe des vertus est dans la liberté.
En vain à nous l'ôter on oserait prétendre;
Romains, si vous l'aimez, vous saurez la défendre.

LUCIUS.

Inquiet sur l'état, Juba vient en ces lieux.

CATON.

Amis, laissez-nous seuls : recevez mes adieux.

SCÈNE VIII.

CATON, JUBA.

CATON.

JUBA, tout le sénat refuse de se rendre,
Et sur ces murs encor s'obstine à se défendre.

JUBA.

D'un si noble parti je ne pouvais douter ;
Cependant de César il faut tout redouter.
Caton, au nom des dieux ! écoutez ma prière...
Quand je vins près de vous par l'ordre de mon père,
(Devais-je craindre alors que le cruel destin
Eût dévoué sa tête au fer d'un assassin !)
Ses adieux sont toujours présens à ma mémoire :
« Sois l'ami de Caton, si tu chéris la gloire,
» Me dit-il : de son sort quel que soit le danger,
» Ton devoir, ton honneur est de le partager. »

CATON.

De ton père j'ai su la mort infortunée :
Sa valeur méritait une autre destinée ;
Mais le ciel le voulut.

JUBA.

Ce triste souvenir
M'arrache encor des pleurs que je veux retenir.
Je ne puis y songer.....

CATON.

Et pourquoi t'en défendre?
Sur la tombe d'un père un fils doit en répandre.

JUBA.

Cher à tous les pays jadis par lui vaincus,
Mon père vit la terre honorer ses vertus.
L'Afrique obéissait à ses ordres suprêmes,
Son pouvoir souverain commandait aux rois mêmes;
Et, des sources du Nil, de noirs ambassadeurs
Venaient à ses genoux abaisser leurs grandeurs.

CATON.

J'ai connu sa puissance.

JUBA.

Eh bien, quittons Utique,
Volons en Numidie : armons toute l'Afrique.
Des amis de mon père implorons les secours :
Contre notre oppresseur ils défendront vos jours :
Ces peuples généreux, inconnus dans l'histoire,
N'attendent qu'un héros qui les mène à la gloire :
Partons; il en est temps.

CATON.

Eh! peux-tu donc penser
Qu'à fuir devant César je veuille m'abaisser?
Errant comme Annibal et de Rome transfuge,
Irai-je chez des rois mendier un refuge?

Cher Juba, de mes jours c'est prendre trop de soin.

JUBA.

Vous les devez à Rome, et Rome en a besoin.
Ciel! est-ce donc ainsi que ta fausse justice
Accable la vertu pour élever le vice!

CATON.

Celui qui mit toujours sa force en sa vertu,
Par les coups du destin ne peut être abattu.
N'accuse point les dieux : à punir l'innocence
On ne les vit jamais employer leur puissance.
Le ciel est juste et bon : s'il veut nous éprouver,
Les maux sont glorieux à qui sait les braver.
Aux coups de la fortune opposer son courage,
Est le premier devoir et la gloire du sage :
Sans crainte et sans douleur il voit l'adversité,
Et la mort le conduit à l'immortalité.

JUBA.

Ah! la plus belle gloire où je puisse prétendre,
C'est de vous seul, Caton, que Juba peut l'attendre.

CATON.

Que dis-tu?

JUBA.

Pardonnez! malheureux! qu'ai-je dit?

CATON.

Tu détournes les yeux? tu parais interdit?
Juba, parle sans crainte, et dis-moi ta pensée :
La vertu par tes vœux ne peut être offensée.

JUBA.

Mes vœux sont insensés !

CATON.

Que peux-tu demander,
Que Caton à l'instant ne veuille t'accorder ?
N'es-tu pas mon ami ? ne suis-je pas ton père ?

JUBA.

Dieux ! je crains de parler, et je ne puis me taire !..

CATON.

Quoi !

JUBA.

Votre fille, hélas ! je l'aime....

CATON.

Prince, adieu.
Tu perdrais mon estime à faire un tel aveu.
Rappelle ta valeur, et dans ce jour d'orage
Crains qu'un vil sentiment n'abaisse ton courage.
Quand un maître à ses loix prétend nous asservir,
Voilà notre devoir : être libre ou mourir.

ACTE II.

SCÈNE PREMIÈRE.

MARCIA, FULVIE.

MARCIA.

Il est donc vrai, César vient chercher ses victimes !
A quel excès! grands dieux ! il va porter ses crimes!
Le ravage du monde et les pleurs des Romains,
Voilà donc ses plaisirs et ses jeux inhumains!
Ambitieux auteur des guerres intestines,
Il ne laisse après lui que de tristes ruines.
Il a détruit nos lois et notre liberté;
Et sa clémence même est une cruauté.

FULVIE.

Nous devons espérer, madame; et César même,
César, enorgueilli de son pouvoir suprême,
Ce César si terrible, à Caton aujourd'hui
Par un ambassadeur vient d'offrir son appui.

MARCIA.

Si la seule vertu pouvait encor lui plaire,
César, n'en doute point, voudrait sauver mon père.
Mais celui dont le bras répandit tant de sang,
Celui qui s'est paré du titre de tyran,

Celui qui, pour punir l'audace d'un seul homme,
Asservit sa patrie et se venge sur Rome,
Aura-t-il le respect qu'on doit à la vertu?
C'est un crime à ses yeux de l'avoir combattu.
Il revient furieux; il aime la vengeance;
Mon père le premier a bravé sa puissance :
Peut-il lui pardonner?

FULVIE.

Et peut-il le punir?
S'il l'osait, quels dangers il aurait à courir!
Au nom si révéré de sa noble victime,
Vous verriez les Romains indignés de son crime
Juba, de puissans rois le digne rejeton,
Juba, qui met sa gloire à défendre Caton,
Juba, qui vous consacre et son trône et sa vie,
Armerait contre lui toute la Numidie.

MARCIA.

Je connais de Juba le zèle généreux!...
Mais ne me parle plus d'un amour dangereux.

FULVIE.

Pourquoi vous refuser un sentiment si tendre?

MARCIA.

Ah, Fulvie! à mon cœur il se fait trop entendre.
Mais puis-je me livrer aux charmes de l'amour,
Quand mon père à la mort s'expose chaque jour?
Les maux de toutes parts fondent sur sa famille :
Imitons ses vertus, soyons en tout sa fille!
Ciel! Juba vient, fuyons!...

SCÈNE II.

JUBA, MARCIA, FULVIE.

JUBA.

Ah! madame arrêtez.
Tout sourit près de vous à mes yeux enchantés :
J'oublie, en vous voyant, que l'ennemi s'avance.

MARCIA.

Prince, je gémirais, si ma seule présence
Ralentissait en vous l'ardeur pour les combats,
Lorsque, couvert du sang répandu par son bras,
César au champ d'honneur vous brave et vous appelle.

JUBA.

Madame, permettez que, pour prix de son zèle,
En vous auprès des dieux Juba trouve un appui.
Rien ne peut l'effrayer, si vos vœux sont pour lui.
Que cet espoir du moins le soutienne et le guide.

MARCIA.

Mes vœux seront toujours au héros intrépide
Qui défendra Caton, Rome et la liberté.

JUBA.

Oui, j'obtiendrai de vous cet honneur mérité.
J'ai consacré mes jours à vous, à votre père.
Et de mon dévoûment, le seul prix que j'espère
Est de me rendre un jour digne de vos vertus.

MARCIA.

Prince, cessez alors des discours superflus.
Des chaînes du tyran délivrez la patrie :
Conservez-moi Caton, je vous devrai la vie.

(Elle sort.)

JUBA.

Oui, son reproche est juste; allons par des exploits
Triomphe de son cœur et mériter son choix.
Contre notre oppresseur elle enflamme mon zèle :
Je dois vaincre ou mourir pour être digne d'elle!

SCÈNE III.

JUBA, SYPHAX.

JUBA.

Avec plaisir, Syphax, je te trouve en ces lieux....
Mais quel sombre chagrin se fait voir en tes yeux?
Tes regards sur Juba se tournent avec peine.
Quel sujet!...

SYPHAX.

C'en est fait, ma résistance est vaine;
Je ne sais point cacher ce que pense mon cœur,
Et peindre le sourire où règne la douleur.
Je ne suis pas Romain, j'ignore l'artifice.

JUBA.

N'ajoute point, Syphax, l'insulte à l'injustice.
Respecte les vainqueurs de l'univers entier.
Les peuples devant eux doivent s'humilier.

Est-il dans nos déserts une horde puissante,
Que le seul nom romain ne glace d'épouvante?

SYPHAX.

Puis-je entendre mon Roi, sans en être irrité,
Préférer ce vil peuple au Numide indompté?
Savent-ils comme nous tendre l'arc homicide,
Ou lancer avec force un javelot rapide ?
Savent-ils comme nous dompter un fier coursier,
Et diriger l'ardeur de l'éléphant guerrier?
Voilà, prince, les arts dont mon pays s'honore,
Et que tous vos Romains sont loin d'atteindre encore.

JUBA.

Ces talens que la force a mis entre nos mains,
Peut-on les comparer aux vertus des Romains?
Éclairer l'univers soumis par leur courage,
Faire entendre des dieux le sublime langage,
Réunir les humains, pour les rendre à la fois
Sociables entr'eux et soumis à des lois;
Et, des sauvages mœurs effaçant la rudesse,
Donner le goût des arts, l'amour de la sagesse;
Voilà ce qu'ils ont fait: leur gloire a mérité
Les respects et l'encens de la postérité.
Si l'on nous dit vaillans, par eux seuls nous le sommes;
Ils ont formé nos cœurs et fait de nous des hommes.
Pour te convaincre mieux, vois, regarde Caton;
Vois à quelle hauteur s'est élevé son nom.
Eh bien! c'est la vertu qui seule a fait sa gloire,
Et qui dans l'avenir portera sa mémoire.

Il donne à sa patrie un généreux appui,
Et méprise les maux qui ne frappent que lui.
La fatigue, la faim, la soif, rien ne l'étonne:
Et lorsque la fortune à ses mains abandonne
Les rangs et les honneurs qu'il a su mériter,
Sa rigide vertu les lui fait rejeter.

SYPHAX.

Ah ! tant d'humilité n'est qu'une perfidie !
Il prépare en secret des fers à sa patrie;
Et de la liberté ce noble défenseur,
Triomphant à son tour, en serait l'oppresseur.
Hélas! si votre père avait pu le connaître,
Il n'eût point sans honneur succombé sous un traître;
Et sa fidèle armée, en des sables ardens,
N'eût point servi de proie aux vautours dévorans.

JUBA.

Pourquoi me rappeler de si vives alarmes ?
Le seul nom de mon père arrache encor mes larmes.

SYPHAX:

Que son malheur, du moins, vous serve de leçon...

JUBA.

Que faut-il faire?

SYPHAX.

Il faut.....

JUBA.

Parle.

SYPHAX.

Quitter Caton.

JUBA.

Quitter Caton, Syphax ! c'est perdre un second père.

SYPHAX.

Prince, de vos refus voilà donc le mystère !
Vous adorez sa fille, et ne prévoyez pas
Quels dangers cet amour fait naître sous vos pas !

JUBA.

Tant de zèle, Syphax, m'importune et m'offense :
J'ai pu de vos transports souffrir la violence;
Je les ai pardonnés à votre amour pour moi :
Mais songez au respect que l'on doit à son roi.

SYPHAX.

Votre père jadis m'était plus favorable :
Il n'est plus ! mais ce jour, ce jour si mémorable,
Où, vous donnant encor des conseils d'amitié,
Il vous disait adieu ; l'avez-vous oublié ?
Des passions sur vous redoutant la puissance,
Il vous recommandait à mon expérience.
Il me serrait les mains : des pleurs baignaient ses yeux :
« Ah ! veille sur mon fils ! » ce sont là ses adieux ;
Il ne put achever.

JUBA.

Dieux ! que viens-tu me dire ?
Arrête, cher Syphax; ton récit me déchire.
O mon père ! parlez, qu'exigez-vous de moi ?
De suivre vos conseils je me fais une loi.

SYPHAX.

César veut vous punir : évitez sa colère....

JUBA.

Mon père la bravait.....

SYPHAX.

Il punit votre père!

JUBA.

Et qu'importe, Syphax? pour conserver le jour,
Je trahirais l'honneur!

SYPHAX.

Dites plutôt l'amour!

JUBA.

Ah! Marcia pour moi sans retour est perdue!

SYPHAX.

Ecoutez : Marcia peut vous être rendue.....

JUBA.

Que me dis-tu, Syphax? répète un mot si doux.

SYPHAX.

Oui, prince, Marcia peut être encore à vous.

JUBA.

Et comment? réponds-moi...

SYPHAX.

Pour vous sont les Numides,
Dévoués, pleins de zèle, et surtout intrépides :
Parlez, et votre amante est en votre pouvoir.

JUBA.

Moi! je pourrais commettre un forfait aussi noir!
Qu'espères-tu, Syphax? penses-tu me séduire?

Crois-tu vaincre l'horreur que ton projet m'inspire?
Voudrais-tu que Juba devînt un scélérat?

SYPHAX.

Rome ne craignit point un semblable attentat.
Les ancêtres fameux de vos Romains sublimes
Ne dûrent leur grandeur qu'au succès de leurs crimes.
Ils n'ont pas craint jadis de trahir leurs amis:
Les armes à la main, tout leur était permis.
Indignes ravisseurs des Sabines tremblantes,
Ils ont pu leur offrir leurs mains encor sanglantes;
Et Scipion, César, et Pompée, et Caton,
Sont les enfans du crime et de la trahison!

JUBA.

O mon père! voilà celui dont la sagesse
Devait de ses leçons instruire ma jeunesse!

SYPHAX.

Seigneur!.....

JUBA,

Tais-toi, perfide, ou mon bras furieux
Punirait, dans ton sang, tes projets odieux.

(Il sort.)

SYPHAX, seul.

Me punir!..... c'en est fait, un si cruel outrage
De mes premiers sermens pour jamais me dégage.
Je brise tous les nœuds qui m'attachaient à toi;
Et c'est à César seul que je donne ma foi.

SCÈNE IV.

SEMPRONIUS, SYPHAX, CONJURÉS.

SEMPRONIUS.

Syphax, c'est vainement qu'au milieu du carnage
J'ai voulu sur Caton faire tomber l'orage.
Dans les rangs ennemis je l'ai vu s'engager :
Nos soldats l'ont laissé dans ce pressant danger ;
Les glaives cependant ont respecté sa tête.
Il va venir, amis ; votre vengeance est prête :
Caton vous irrita, c'est lui qu'il faut punir.
Syphax, à ses amis je vais me réunir :
Le devoir de mon rang près de lui me rappelle :
Toi, de tes conjurés encourage le zèle !

(Il sort.)

SYPHAX.

Sempronius, amis, nous promet son appui :
Jurons tous de combattre et de mourir pour lui ;
Nous n'avons rien à craindre avec un pareil guide.
Caton vient : armez-vous d'un courage intrépide ;
Arrêtez ce tyran : qu'il tombe sous vos coups.
Frappez : votre bonheur va dépendre de vous.

Les Conjurés tirent leurs glaives, et se préparent à immoler Caton aussitôt qu'il paraîtra.

SCÈNE V.

CATON, SÉNATEURS, CONJURÉS.

Caton entre ; à son aspect, les Conjurés étonnés restent immobiles.

CATON.

Où sont-ils ces héros, dont l'audace éclatante
Oppose à l'ennemi la fuite et l'épouvante,
Ces soldats assassins des chefs qu'ils ont trahis?

SEMPRONIUS, à part.

Les lâches! à sa vue ils sont tous interdits.

CATON.

Perfides! c'est ainsi qu'oubliant votre gloire,
De vos premiers combats vous souillez la mémoire!
Quarante ans de valeur sont perdus en un jour!
Non : de la liberté vous n'avez point l'amour,
La voix de la patrie est éteinte en votre âme,
Et la soif de l'honneur n'a rien qui vous enflamme!
Non : vous ne connaissez que des sentimens bas.
C'est l'espoir du butin qui vous mène aux combats.
Dans les champs de la mort votre aveugle furie
Ne reconnaît de loi que votre barbarie.
Avec de tels projets vous devez me haïr,
Et César est le chef que vous devez servir!
Des monstres des déserts que n'ai-je été la proie!
Mourant avec honneur, je mourrais avec joie!

Mais le sort, qui sur moi dirige tous ces traits,
Veut que ma mort encore ajoute à vos forfaits.
Que craignez-vous? Frappez, ingrats, voici ma tête!
Je vous ouvre mon sein : frappez! Qui vous arrête?....

SEMPRONIUS, *à part.*

Tout est perdu!

CATON.

Fuyez! fuyez de mes regards!
César vous confira ses sanglans étendards :
Dites-lui que vos cœurs, sans force et sans courage,
Refusent de mes maux le glorieux partage!

LUCIUS.

Sur ces infortunés, Caton, tourne les yeux :
Leur touchant repentir intercède pour eux.

CATON.

Il faut que de leurs chefs la mort me satisfasse;
Et c'est à ce seul prix que j'accorde leur grâce.

SEMPRONIUS.

Sois tranquille, Caton, je saurai te venger :
De ce pénible soin je veux bien me charger.
Je leur prépare à tous de terribles supplices,
Et ma juste colère atteindra leurs complices.

LUCIUS.

On doit les épargner, puisqu'ils sont malheureux.

SEMPRONIUS.

Qu'entends-je, Lucius? Quoi! vous parlez pour eux!
Quelle compassion! Vous osez les défendre?

Ignorez-vous quel sang ils ont voulu répandre?
Le sang du grand Caton!

CATON.

Calmez, Sempronius,
L'horreur que leur forfait inspire à vos vertus.
Que l'on mène à la mort ceux qui l'ont méritée!
Mais l'humanité parle et doit être écoutée.
Sempronius, aux loix il suffit d'obéir.
(à Lucius.)
Ami, je suis réduit au besoin de punir.
Lorsque le châtiment ne frappe que le crime,
Les Dieux, sans la venger, prennent notre victime,
Et la foudre repose en leurs puissantes mains.

SEMPRONIUS.

J'obéis avec joie à tes ordres humains.

CATON.

Et nous, à la patrie offrons un sacrifice;
Suivons de nos aïeux les lois et la justice:
Conservons ce pouvoir, ce droit de liberté
Qu'au prix de tout leur sang ils avaient acheté.
Et toi, dont le seul nom aujourd'hui nous enflamme,
Divine liberté, maîtresse de mon âme,
Puissions-nous vivre heureux sous ta céleste loi,
Ou mourir avec gloire en combattant pour toi!

SCÈNE VI.

SEMPRONIUS, SYPHAX, CONJURÉS.

UN CONJURÉ.

Ton art, Sempronius, mérite qu'on le loue :
A ta feinte fureur, à tes cris, je l'avoue,
On eût cru de Caton trouver un défenseur.

SEMPRONIUS.

Lâche, retire-toi : va, tu me fais horreur ;
Faibles conspirateurs, redoutez ma colère.

UN CONJURÉ.

La feinte maintenant ne t'est plus nécessaire ;
Tu n'as autour de toi que tes anciens amis.

SEMPRONIUS.

Traîtres! vous vous trompez ; vous serez tous punis !
Gardes, qu'à l'instant même on les mène au supplice !

UN CONJURÉ.

Tremble ! Caton saura ta barbare injustice.
Tremble! si nous mourons, tu ne jouiras pas
Du prix de notre honte et de notre trépas.

SCÈNE VII.

SEMPRONIUS, SYPHAX.

SEMPRONIUS.

Perfides, arrêtez!... Mais que puis-je en attendre!
Syphax, ils vont parler. Quel parti dois-je prendre?
Je suis abandonné, trahi par des Romains.

SYPHAX.

Qu'importe? vous avez les braves Africains;
Ils vous sont dévoués; mettons-nous à leur tête;
Dans ce péril certain que rien ne nous arrête.
Rejoignons de César le camp victorieux.

SEMPRONIUS.

Mais je perds Marcia, si je quitte ces lieux....
L'amour....

SYPHAX.

Est-ce l'amour qui maîtrise votre âme?
Sempronius serait l'esclave d'une femme!
Que craignez-vous, seigneur? il la faut enlever.

SEMPRONIUS.

Mais, près d'elle, en ces lieux, comment puis-je arriver?

SYPHAX.

Vous aurez de Juba les soldats et les armes;
Son vêtement connu ne peut causer d'alarmes:
Hâtez-vous, profitez de ce moment d'effroi.

SEMPRONIUS.

Caton m'est échappé; mais sa fille est à moi!

ACTE III.

SCÈNE PREMIÈRE.

MARCIA, FULVIE.

FULVIE.

DANS ce malheur, madame, armez-vous de constance.

MARCIA.

Tout est perdu pour moi, je n'ai plus d'espérance.
Le ciel entend mes vœux et ne m'exauce pas;
C'est en vain que ma voix implore le trépas.

FULVIE.

Madame!

MARCIA.

Laisse-moi pleurer mon infortune;
La consolation me devient importune.
Pour calmer ma douleur tes soins sont superflus;
Je ne veux que mourir, puisque Juba n'est plus!

FULVIE.

Peut-être il vit encore, et l'on vous a trompée....

MARCIA.

Le coup qui le frappa, comme lui m'a frappée.
Ce n'est point sur la foi d'un message incertain
Que de sa cruauté j'accuse le destin.

Moi-même je l'ai vu, ce héros intrépide,
Combattre, succomber, sous les coups d'un perfide.
Entouré de sa garde, il venait en ces lieux.
Un étranger soudain se présente à ses yeux.
Tous deux au même instant s'élancent en furie :
Pour se perdre l'un l'autre ils négligent leur vie.
Ils entendent mes cris et redoublent d'ardeur :
Il semblait que ma vue animait leur fureur.
Ses perfides soldats n'osèrent le défendre!....
Il est mort sous mes yeux!... Et tu pourrais prétendre
A me persuader que j'ai pu m'abuser,
Que mon trouble à mes yeux a dû le déguiser?
Non, non : c'était Juba, j'ai reconnu ses armes.
Ne condamne donc plus de trop justes alarmes :
Un avenir heureux s'anéantit pour moi!...
Oui, malgré ton trépas, Juba, je suis à toi.
Je donne un libre cours à ma peine mortelle....
Mes regrets te suivront dans la nuit éternelle.
Dans la tombe du moins tu verras mes douleurs;
Le meilleur des humains mérita bien mes pleurs!

SCÈNE II.

JUBA, MARCIA, FULVIE.

JUBA, qui a entendu le dernier vers, dit à part.

Le meilleur des humains! Sempronius, ce traître?
A ce titre sacré puis-je le reconnaître?
Oui, malgré son malheur, j'eusse envié son sort,
Si d'aussi vifs regrets avaient suivi ma mort.

MARCIA, sans voir le prince.

Juba! Juba!

JUBA.

Qu'entends-je? Est-ce moi qu'elle appelle?

MARCIA.

Malheureuse! à ses vœux combien j'étais cruelle!
Il meurt! et mes refus, dont je veux me punir,
Ne lui laissent de moi qu'un triste souvenir!

JUBA, à part.

O ciel! à ce bonheur pouvais-je donc m'attendre!

MARCIA.

Oui, mânes adorés de l'amant le plus tendre,
Puisque Juba n'est plus....

JUBA.

Il vit pour t'adorer!
Et c'est à tes genoux qu'il vient te le jurer!

MARCIA.

Est-ce un songe? grands dieux! Quel moment plein de joie!
Ah! prince! si c'est vous que le ciel me renvoie,
Quel est le malheureux?...

JUBA.

Un perfide Romain
Qui, pour mieux déguiser son criminel dessein,
S'était insolemment couvert de mon armure.
J'ignore le motif d'une telle imposture;
Mais j'ai dû la punir. J'avais vu votre erreur,
Vos regards inquiets augmentaient ma fureur.

J'accours auprès de vous; je vois couler vos larmes.
Ah! que votre douleur avait pour moi de charmes!

MARCIA.

Vous avez découvert le secret de mon cœur;
Mais je ne cherche point à taire mon bonheur.
Je voudrais vainement vous cacher ma tendresse.
Je vous aime, Juba, mais sans nulle faiblesse:
Volez, prince! l'honneur vous appelle en ce jour.
Vos exploits serviront d'excuse à mon amour.
Adieu.

JUBA.

Vous me quittez!

MARCIA.

Oui: mon devoir l'ordonne.

SCÈNE III.

JUBA.

A l'espérance enfin mon âme s'abandonne!
Fortune, ce seul jour rachète ta rigueur!
Si le ciel a voulu qu'un insolent vainqueur
Asservisse à son joug toute la Numidie,
Je dois trouver encor mon sort digne d'envie.
Eh! qu'importe à mon cœur le vain titre de roi,
Si j'aime Marcia, si son cœur est à moi!

SCÈNE IV.

CATON, LUCIUS, JUBA.

JUBA.

A vos regards, Caton, j'ose à peine paraître....

CATON.

Suis-je assez malheureux pour voir encore un traître?
Quel est donc le forfait qui pèse sur ton sein?

JUBA.

Je suis Numide.

CATON.

Non : ton cœur est tout romain.

JUBA.

Quoi! vous me pardonnez l'horrible perfidie
Qui de honte à jamais couvre la Numidie?

CATON.

De leur lâche forfait je gémis avec toi;
Mais je ne confonds point les sujets et leur roi :
Et ta fidélité m'en est encore plus chère.

SCÈNE V.

PORCIUS, LES PRÉCÉDENS.

PORCIUS.

De ce nouveau malheur vous frémirez, mon père !...
Syphax à nos regards vient de se découvrir.
C'est peu de nous quitter, c'est peu de nous trahir;
Il voulait à César nous livrer et nous vendre.
Ses projets sont connus : mais il veut se défendre.

CATON.

Le lâche ! mes amis, qu'il meure sous vos coups !
Vengez l'état trahi, vengez-moi, vengez-vous !

(Porcius et Juba sortent.)

LUCIUS.

Quoi ! ce Sempronius dont éclatait le zèle,
Qui de nos citoyens se montrait le modèle,
Et poussait la vertu jusques à la fureur ?
Puis-je croire, grands dieux ! à ce comble d'horreur ?

CATON.

Oui, ce Sempronius, ami, n'était qu'un traître.
Voilà quels attentats l'ambition fait naître.
A mes yeux désormais la vie est un fardeau,
Et j'aspire au moment de descendre au tombeau.
Lucius, les malheurs pèsent trop sur ma tête :
César nous a vaincus : le monde est sa conquête;
Je n'y dois plus rester.

LUCIUS.

Tant qu'une injuste loi
Gouverne l'univers, Rome a besoin de toi.
Prends pitié des tourmens que souffre la patrie;
Fléchis devant César pour nous garder ta vie.

CATON.

Quoi! tu veux que Caton, oubliant sa fierté,
Pour quelques tristes jours vende sa liberté?
Non, Lucius, jamais Caton n'aura de maître.

LUCIUS.

Par son humanité César s'est fait connaître,
Et ne peut t'imposer de rigoureuses lois:
On vante sa clémence autant que ses exploits.

CATON.

Sa clémence! a-t-il donc épargné la patrie?
Va, son humanité n'est qu'une perfidie.

SCÈNE VI.

LES PRÉCÉDENS, JUBA.

JUBA.

Jour affreux! jour cruel! Dieux! Porcius!...

CATON.

Eh bien?
Qu'a-t-il fait? a-t-il fui? Tu ne me réponds rien?

JUBA.

Quelque temps, secondés de guerriers intrépides,
Nous avons repoussé l'attaque des Numides.
Mais bientôt accablé, percé de mille coups,
Votre fils, ô Caton, est mort digne de vous!
Cependant son courage a vengé notre offense.
Et le traître Syphax, qu'a puni sa vaillance,
Des lâches conjurés anéantit l'espoir.

CATON.

Que les Dieux soient bénis! Il a fait son devoir!
Lucius, quand le sort m'arrachera la vie,
Qu'à celle de mon fils ma cendre soit unie!

JUBA.

Dieux! retardez long-temps ce moment redouté!

LUCIUS.

Ciel! on vient en ces lieux: fuyons de ce côté....
On apporte ton fils.

CATON.

Je veux le voir encore.

LUCIUS.

Crains ce spectacle affreux.

CATON.

Ce spectacle m'honore.

(On apporte le corps de Porcius.)

Viens, mon fils! Mes amis, laissez-le sous mes yeux:
Laissez-moi contempler ces restes glorieux!

Que j'embrasse mon fils !... O mort digne d'envie !
Qu'il est heureux, Romains ! il meurt pour sa patrie.
Rome, pourquoi faut-il qu'un si jeune guerrier
N'ait qu'une seule vie à te sacrifier ?
Mais dans tous vos regards quelle est cette tristesse ?
Ne pleurez point mon fils : en ces temps de détresse,
Il a reçu du ciel le plus grand des bienfaits ;
D'une gloire durable il va jouir en paix.
Un si noble trépas vaut la plus longue vie :
Il est heureux, Romains ; il meurt pour sa patrie !

JUBA.

Quelle âme !

CATON.

Mes amis, c'est trop vous affliger.
Le sort d'un citoyen doit vous être étranger.
C'est Rome en ce moment qui demande vos larmes.
Cette ville, jadis si noble par les armes,
Cette reine du monde, hélas ! Rome n'est plus !
O patrie ! ô Romains ! qu'êtes-vous devenus !
Vous avez oublié les lois de vos ancêtres,
Et Rome dans son sein n'enfante que des traîtres !
Quel prix attendez-vous de vos nobles exploits ?
Recevrez-vous des fers, vous qui dictiez des lois ?
C'est peu d'être vainqueurs, ce n'est rien d'être braves :
Croyez-vous être grands en devenant esclaves ?
Pour servir un tyran aurez-vous combattu ?....
Cet empire romain, fondé par la vertu,
Vous seuls, Romains, vous seuls l'entraînez dans l'abîme !..
Barbare ambition ! je serais ta victime !

LUCIUS.

Sauve-toi, sauve-nous !

CATON.

Qu'ai-je à craindre aujourd'hui ?
Le ciel contre César me donne son appui.
Jamais il ne dira : Caton est mon esclave.
Sa faveur, je la hais ; sa haine, je la brave.
C'est pour vous, mes amis, que j'ai mille terreurs,
Pour vous, dont la vertu mérite ses fureurs :
Je voudrais vous sauver et ne puis que vous plaindre.

LUCIUS.

De son ressentiment nous n'avons rien à craindre.
Nos pleurs pourront, sans peine, apaiser son courroux :
Notre grâce, Caton, ne dépend que de nous.

CATON.

Hâtez-vous, mes amis ; notre perte est prochaine :
Dites-lui que Caton mérita seul sa haine ;
Que c'est moi dont la voix, pour sauver mon pays,
Tourna contre son sein le bras de mes amis.
Mais toi, Juba, mais toi, dans ce moment funeste,
Que vas-tu devenir ? Quel asile te reste ?
Fléchis devant César ; il peut te pardonner ;
Crois-moi, quitte ces lieux.

JUBA.

Moi, vous abandonner !
Si d'un tel déshonneur je suis jamais capable,
Juste ciel, venge-toi sur ma tête coupable !

CATON.

Et toi, cher Lucius, tu vis toujours Caton
Lutter contre le vice et la corruption;
Mais maintenant, ami, j'ai perdu tout courage :
Je ne vois que la mort...... La mort ou l'esclavage :
Mon choix est fait. Pour toi, le pays des Sabins
T'offre un asile sûr ; c'est là que de ses mains
On vit mon noble aïeul cultiver son domaine ;
C'est là que, peu jaloux de la pompe romaine,
Mes ancêtres, bénis par un Dieu protecteur,
Dans leur simple fortune ont trouvé le bonheur.
Aux lois de nos aïeux reste toujours fidèle,
Pleure sur ta patrie, et fais des vœux pour elle :
Quand le vice est vainqueur, et l'honneur abattu,
L'état le plus obscur convient à la vertu.

LUCIUS.

Eh quoi ! lorsque Caton pour nous se sacrifie,
Je pourrais conserver une inutile vie !.....

CATON.

Adieu, braves amis, s'il en est parmi vous
Qui craignent de César le funeste courroux,
Des vaisseaux préparés lui raviront sa proie.
Puis-je encor vous servir ? ce serait avec joie.
Pour la dernière fois recevez mes adieux.
Nous nous réunirons sur des bords plus heureux,
Où, bravant de César l'inutile furie,
Nous aurons pour vengeurs les dieux de la patrie.

SCÈNE VII.

CATON, seul.

(Il est plongé dans une profonde méditation, et prend le livre de Platon sur l'immortalité de l'âme.)

Le jour est arrivé; Caton, il faut mourir.
Mais d'où vient ce besoin d'un immense avenir,
Ces espoir si flatteur d'une vie immortelle?
D'où naît l'effroi qu'inspire une mort éternelle?
Quelle est cette frayeur que notre âme ressent
Quand, auprès de la tombe, elle voit le néant?
Elle frémit d'horreur, sur elle se replie,
Et cherche à remonter aux sources de la vie.
Oui, Platon, tu dis vrai : c'est la divinité
Qui promet aux mortels une immortalité.
Quel espoir consolant, quelle horrible pensée
Ce mot jette à la fois dans mon âme oppressée!
Mes regards égarés sur mille objets divers,
Cherchent à pénétrer ce nouvel univers.
Un vide, un vide immense à mes yeux se présente...
Dans un gouffre sans fond, une lueur brillante
Sous un nuage épais se dérobe à mes yeux....
Qu'importe! je crois tout. S'il est au ciel des dieux
(Et l'univers entier proclame leur puissance),
La vertu doit par eux trouver sa récompense.
Mais où?... quand en jouir?... Je ne sais... je me perds....
Est-ce donc pour César qu'ils ont fait l'univers?

Je suis las de former des conjectures vaines.
Ce fer va les finir et terminer mes peines.

(Il prend son épée.)

Et ta vie et ta mort, Caton, sont dans tes mains.
Ce glaive en un moment peut trancher tes destins;
Mais Platon te promet une nouvelle vie.
Fière de cet espoir, mon âme me défie,
Et sourit au poignard tout prêt à me frapper.
A la destruction rien ne peut échapper.
Soleil, astre brillant, qui perces les nuages,
Ton éclat se perdra dans le gouffre des âges;
Pour toi seule, ô mon âme, au milieu des débris,
De tes vertus enfin tu recevras le prix.
Tranquille tu verras, dans une paix profonde,
Le choc des élémens, la ruine du monde.

Mais d'où vient que mes sens demandent le repos?
La nature est en moi lasse de tant de maux.
Cédons, et du sommeil goûtons encor les charmes :
Je puis y savourer l'oubli de mes alarmes.
Mon âme, à son réveil, s'élevant dans les cieux,
Sera plus digne encor du commerce des dieux.
C'est pour les criminels que la mort est terrible.
Pour moi c'est un refuge, un asile paisible;
Et Caton maintenant, tranquille sur son sort,
Regarde du même œil le sommeil et la mort.

SCÈNE VIII.

CATON, JUBA.

JUBA.

Que vois-je? Caton seul, et dans ses mains un glaive!
Que veut-il? quelle crainte en mon âme s'élève!
Ah! seigneur!

CATON.

Quel mortel ose encor me troubler?
Est-ce un nouveau malheur qui vient nous accabler?

JUBA.

Oui, le plus grand de tous, si j'en crois mes alarmes.
Ne soyez pas, de grâce, insensible à mes larmes!
Le sort de la patrie est toujours en vos mains;
Vivez: soyez encor le sauveur des Romains.

CATON.

Après tant de travaux, au bout de ma carrière,
Les dieux m'ont refusé cette gloire dernière.
Je confie à tes soins nos malheureux amis.
Veille sur leur départ; vois si les vents soumis
Veulent des vrais Romains nous conserver le reste.
Moi, pour me délivrer de mon trouble funeste,
J'ai besoin de repos, et je vais m'y livrer.

(Il sort.)

JUBA.

Je suis tranquille enfin, et je puis espérer.

SCÈNE IX.

JUBA, MARCIA.

JUBA.

Tout nous promet, madame, un destin plus prospère...

MARCIA.

Prince, si vous m'aimez, sauvez, sauvez mon père !

JUBA.

D'un sommeil bienfaisant il goûte les douceurs.

MARCIA.

Dieux puissans, versez-lui l'oubli de ses malheurs !
Mais quel est son projet ? Dans une heure peut-être
De ces murs désolés César sera le maître.

SCÈNE X ET DERNIÈRE.

LES PRÉCÉDENS, LUCIUS, accourant.

LUCIUS.

Je marchais vers le port où les Romains tremblans
Accusaient la lenteur de la mer et des vents.
Un vaisseau tout à coup a touché le rivage.
Du fils du grand Pompée il apporte un message.
De son malheureux père il veut venger la mort :
L'Espagne de nouveau seconde son effort ;

Si Caton consentait à marcher à leur tête,
Rome pourrait encore écarter la tempête,
Et recouvrer ses dieux, ses lois, sa liberté....
Mais qu'entends-je? Quels cris viennent de ce côté?...

JUBA, sortant.

Je vole vers Caton.

LUCIUS.

Grands dieux! ce sont des plaintes!

MARCIA.

Ciel, vas-tu donc encor justifier mes craintes!
Mon malheur est au comble, et tu veux l'achever!
N'aurais-je plus de père!...

LUCIUS.

Il n'a pu nous sauver:
Il gémit de nos maux... Mais la plainte redouble!

MARCIA.

(Juba entre, égaré.)

Quels douloureux accens! Prince, d'où vient ce trouble?
Je vois sur votre front la pâleur de la mort.
Parlez! parlez!

JUBA.

Caton a terminé son sort!
Il n'est plus!

LUCIUS.

O malheur!

JUBA.

Hélas! ma main tremblante

N'a pu que soutenir sa tête défaillante.
Avant de succomber il demande à vous voir.

MARCIA.

Dieux, de le contempler donnez-moi le pouvoir !

JUBA.

Voilà donc, ô César, le fruit de tes conquêtes !

LUCIUS.

Rome, tu n'es plus reine, et tes chaînes sont prêtes !

(On apporte Caton dans un fauteuil.)

CATON, *à Juba.*

Qu'il m'est doux de revoir un ami tel que toi !
Où sont les vrais Romains ? ont-ils besoin de moi ?
Parle je vis encor : je puis leur être utile ;
Et, les sachant sauvés, je mourrai plus tranquille.
Lucius !... sur mon cœur laisse-moi te presser !...
Et toi, ma fille, et toi, je puis donc t'embrasser !
Juba t'aime : autrefois, malgré le rang suprême,
Pour gendre un sénateur refusait un roi même.
Mais tout est renversé dans ces temps malheureux,
Et c'est être Romain que d'être vertueux.
Pour moi, sans nul regret j'abandonne la vie.
César asservit Rome : il n'est plus de patrie ;
Ce monde n'est pour moi qu'un horrible séjour.
Que vois-je ? Sur mes yeux s'élève un nouveau jour !
Et prête à me quitter, mon âme est éclairée !
Si j'ai pu de mes jours abréger la durée,
Pardonnez, justes dieux, à cette impiété !
Je puis perdre la vie, et non la liberté... *(Il meurt.)*

FIN.